AF887857

BLOG PLANNER

BLOG POSTING TOOL AND AFFILIATE MARKETING NOTEBOOK
FOR
BLOG BRAINSTORMING, ROUGH DRAFT & POSTING CHECKLIST

Wildrose Media

www.wildrose-media.com

You may also like ...

SOCIAL MEDIA WORKBOOK

12-MONTHS • 8.5 x 11 INCHES • 2 COVER DESIGNS

AVAILABLE on WWW.WILDROSE-MEDIA.COM and AMAZON

INCLUDES:

- KEYWORD TRACKER
- HASH TAG TRACKER
- SOCIAL MEDIA SIGN IN AND SUMMARY CHEAT SHEET
- DAILY POST PLANNER AND TRACKER
  – UP TO **4** SOCAIL MEDIA ACCOUNTS, EACH WITH **4** SCHEDULED POSTS PER DAY
- MONTHLY AND ANNUAL CALENDAR
- MONTHLY PLANNER PAGE

Wildrose Media www.wildrose-media.com

CONTENTS:

2 BLOG BRAINSTORMING PAGES- WRITE DOWN ALL BLOG IDEAS
30 ROUGH DRAFT PAGES- RESEARCH & GATHER INFORMATION, AFFILIATE IDEAS
30 POST INFORMATION:
- PRE-POST CHECKLIST
- SEO & KEYWORDS
- INTERNAL/EXTERNAL LINKS
- AFFILIATE LIST & EARNMNGS
- SOCIAL MEDIA SHARING & RESULTS

BLOG PLANNER

BLOG POSTING TOOL AND AFFILIATE MARKETING NOTEBOOK

ISBN: 978-1-953489-22-7
©2023 Wildrose Media. USA
www.wildrose-media.com

All rights reserved. No part of this publication may be reproduced, distributed or transmitted in any form or by any means without prior written permission of the publisher except in the case of brief quotations for critical reviews and certain other noncommercial uses permitted by copyright law.

--- BLOG BRAINSTORMING ---

©2023 Wildrose Media www.wildrose-media.com

--- BLOG BRAINSTORMING ---

©2023 Wildrose Media www.wildrose-media.com

--- BLOG POST IDEA ---

WORKING TITLE: ANTICIPATED PUBLISH DATE:

SUBJECT/THEME: SERIES? Y N # ____

CATEGORIES:

OUTLINE:

NOTES:

RESEARCH

- ○
- ○
- ○
- ○
- ○
- ○
- ○
- ○
- ○

POTENTIAL AFFILIATES & SALES

- ○
- ○
- ○
- ○
- ○
- ○
- ○
- ○
- ○

©2023 Wildrose Media www.wildrose-media.com

--- BLOG POST IDEA ---

WORKING TITLE:

ANTICIPATED PUBLISH DATE:

SUBJECT/THEME:

SERIES? Y N # ____

CATEGORIES:

OUTLINE:

NOTES:

RESEARCH

- ○
- ○
- ○
- ○
- ○
- ○
- ○
- ○
- ○

POTENTIAL AFFILIATES & SALES

- ○
- ○
- ○
- ○
- ○
- ○
- ○
- ○
- ○

©2023 Wildrose Media www.wildrose-media.com

--- BLOG POST IDEA ---

WORKING TITLE: ANTICIPATED PUBLISH DATE:

SUBJECT/THEME: SERIES? Y N # ____

CATEGORIES:

OUTLINE:

NOTES:

RESEARCH

- ○ ____
- ○ ____
- ○ ____
- ○ ____
- ○ ____
- ○ ____
- ○ ____
- ○ ____
- ○ ____

POTENTIAL AFFILIATES & SALES

- ○ ____
- ○ ____
- ○ ____
- ○ ____
- ○ ____
- ○ ____
- ○ ____
- ○ ____
- ○ ____

©2023 Wildrose Media www.wildrose-media.com

--- BLOG POST IDEA ---

WORKING TITLE: ANTICIPATED PUBLISH DATE:

SUBJECT/THEME: SERIES? Y N # ____

CATEGORIES:

OUTLINE:

NOTES:

RESEARCH

- ○
- ○
- ○
- ○
- ○
- ○
- ○
- ○
- ○

POTENTIAL AFFILIATES & SALES

- ○
- ○
- ○
- ○
- ○
- ○
- ○
- ○
- ○

©2023 Wildrose Media www.wildrose-media.com

--- BLOG POST IDEA ---

WORKING TITLE: ANTICIPATED PUBLISH DATE:

SUBJECT/THEME: SERIES? Y N # ____

CATEGORIES:

OUTLINE:

NOTES:

RESEARCH

- ○
- ○
- ○
- ○
- ○
- ○
- ○
- ○
- ○

POTENTIAL AFFILIATES & SALES

- ○
- ○
- ○
- ○
- ○
- ○
- ○
- ○
- ○

©2023 Wildrose Media www.wildrose-media.com

--- BLOG POST IDEA ---

WORKING TITLE: ANTICIPATED PUBLISH DATE:

SUBJECT/THEME: SERIES? Y N # ____

CATEGORIES:

OUTLINE:

NOTES:

RESEARCH

- ○ ____
- ○ ____
- ○ ____
- ○ ____
- ○ ____
- ○ ____
- ○ ____
- ○ ____
- ○ ____

POTENTIAL AFFILIATES & SALES

- ○ ____
- ○ ____
- ○ ____
- ○ ____
- ○ ____
- ○ ____
- ○ ____
- ○ ____
- ○ ____

©2023 Wildrose Media www.wildrose-media.com

--- BLOG POST IDEA ---

WORKING TITLE: ANTICIPATED PUBLISH DATE:

SUBJECT/THEME: SERIES? Y N # ____

CATEGORIES:

OUTLINE:

NOTES:

RESEARCH

- ○
- ○
- ○
- ○
- ○
- ○
- ○
- ○
- ○

POTENTIAL AFFILIATES & SALES

- ○
- ○
- ○
- ○
- ○
- ○
- ○
- ○
- ○

©2023 Wildrose Media www.wildrose-media.com

--- BLOG POST IDEA ---

WORKING TITLE: ANTICIPATED PUBLISH DATE:

SUBJECT/THEME: SERIES? Y N # ____

CATEGORIES:

OUTLINE:

NOTES:

RESEARCH

- ○
- ○
- ○
- ○
- ○
- ○
- ○
- ○
- ○

POTENTIAL AFFILIATES & SALES

- ○
- ○
- ○
- ○
- ○
- ○
- ○
- ○
- ○

©2023 Wildrose Media www.wildrose-media.com

--- BLOG POST IDEA ---

WORKING TITLE: ANTICIPATED PUBLISH DATE:

SUBJECT/THEME: SERIES? Y N # ____

CATEGORIES:

OUTLINE:

NOTES:

RESEARCH

- ○ ____
- ○ ____
- ○ ____
- ○ ____
- ○ ____
- ○ ____
- ○ ____
- ○ ____
- ○ ____

POTENTIAL AFFILIATES & SALES

- ○ ____
- ○ ____
- ○ ____
- ○ ____
- ○ ____
- ○ ____
- ○ ____
- ○ ____
- ○ ____

©2023 Wildrose Media www.wildrose-media.com

--- BLOG POST IDEA ---

WORKING TITLE: ANTICIPATED PUBLISH DATE:

SUBJECT/THEME: SERIES? Y N # ____

CATEGORIES:

OUTLINE:

NOTES:

RESEARCH

- ○ ______
- ○ ______
- ○ ______
- ○ ______
- ○ ______
- ○ ______
- ○ ______
- ○ ______
- ○ ______

POTENTIAL AFFILIATES & SALES

- ○ ______
- ○ ______
- ○ ______
- ○ ______
- ○ ______
- ○ ______
- ○ ______
- ○ ______
- ○ ______

©2023 Wildrose Media www.wildrose-media.com

--- BLOG POST IDEA ---

WORKING TITLE: ANTICIPATED PUBLISH DATE:

SUBJECT/THEME: SERIES? Y N # ____

CATEGORIES:

OUTLINE:

NOTES:

RESEARCH

- ○
- ○
- ○
- ○
- ○
- ○
- ○
- ○
- ○

POTENTIAL AFFILIATES & SALES

- ○
- ○
- ○
- ○
- ○
- ○
- ○
- ○
- ○

©2023 Wildrose Media www.wildrose-media.com

--- BLOG POST IDEA ---

WORKING TITLE: ANTICIPATED PUBLISH DATE:

SUBJECT/THEME: SERIES? Y N # ____

CATEGORIES:

OUTLINE:

NOTES:

RESEARCH

- ○
- ○
- ○
- ○
- ○
- ○
- ○
- ○
- ○

POTENTIAL AFFILIATES & SALES

- ○
- ○
- ○
- ○
- ○
- ○
- ○
- ○
- ○

©2023 Wildrose Media www.wildrose-media.com

--- BLOG POST IDEA ---

WORKING TITLE: ANTICIPATED PUBLISH DATE:

SUBJECT/THEME: SERIES? Y N # ____

CATEGORIES:

OUTLINE:

NOTES:

RESEARCH

- ○
- ○
- ○
- ○
- ○
- ○
- ○
- ○
- ○

POTENTIAL AFFILIATES & SALES

- ○
- ○
- ○
- ○
- ○
- ○
- ○
- ○
- ○

©2023 Wildrose Media www.wildrose-media.com

--- BLOG POST IDEA ---

WORKING TITLE: ANTICIPATED PUBLISH DATE:

SUBJECT/THEME: SERIES? Y N # ____

CATEGORIES:

OUTLINE:

NOTES:

RESEARCH

- ○
- ○
- ○
- ○
- ○
- ○
- ○
- ○
- ○

POTENTIAL AFFILIATES & SALES

- ○
- ○
- ○
- ○
- ○
- ○
- ○
- ○
- ○

©2023 Wildrose Media www.wildrose-media.com

--- BLOG POST IDEA ---

WORKING TITLE: ANTICIPATED PUBLISH DATE:

SUBJECT/THEME: SERIES? Y N # ____

CATEGORIES:

OUTLINE:

NOTES:

RESEARCH

- ○
- ○
- ○
- ○
- ○
- ○
- ○
- ○
- ○

POTENTIAL AFFILIATES & SALES

- ○
- ○
- ○
- ○
- ○
- ○
- ○
- ○
- ○

©2023 Wildrose Media www.wildrose-media.com

--- BLOG POST IDEA ---

WORKING TITLE: ANTICIPATED PUBLISH DATE:

SUBJECT/THEME: SERIES? Y N # ____

CATEGORIES:

OUTLINE:

NOTES:

RESEARCH

- ○
- ○
- ○
- ○
- ○
- ○
- ○
- ○
- ○

POTENTIAL AFFILIATES & SALES

- ○
- ○
- ○
- ○
- ○
- ○
- ○
- ○
- ○

©2023 Wildrose Media www.wildrose-media.com

--- BLOG POST IDEA ---

WORKING TITLE: ANTICIPATED PUBLISH DATE:

SUBJECT/THEME: SERIES? Y N # ____

CATEGORIES:

OUTLINE:

NOTES:

RESEARCH

- ○ ____
- ○ ____
- ○ ____
- ○ ____
- ○ ____
- ○ ____
- ○ ____
- ○ ____
- ○ ____

POTENTIAL AFFILIATES & SALES

- ○ ____
- ○ ____
- ○ ____
- ○ ____
- ○ ____
- ○ ____
- ○ ____
- ○ ____
- ○ ____

©2023 Wildrose Media www.wildrose-media.com

--- BLOG POST IDEA ---

WORKING TITLE: ANTICIPATED PUBLISH DATE:

SUBJECT/THEME: SERIES? Y N # ____

CATEGORIES:

OUTLINE:

NOTES:

RESEARCH

- ○
- ○
- ○
- ○
- ○
- ○
- ○
- ○
- ○

POTENTIAL AFFILIATES & SALES

- ○
- ○
- ○
- ○
- ○
- ○
- ○
- ○
- ○

©2023 Wildrose Media www.wildrose-media.com

--- BLOG POST IDEA ---

WORKING TITLE: ANTICIPATED PUBLISH DATE:

SUBJECT/THEME: SERIES? Y N # ____

CATEGORIES:

OUTLINE:

NOTES:

RESEARCH

- ○ ____
- ○ ____
- ○ ____
- ○ ____
- ○ ____
- ○ ____
- ○ ____
- ○ ____
- ○ ____

POTENTIAL AFFILIATES & SALES

- ○ ____
- ○ ____
- ○ ____
- ○ ____
- ○ ____
- ○ ____
- ○ ____
- ○ ____
- ○ ____

©2023 Wildrose Media www.wildrose-media.com

--- BLOG POST IDEA ---

WORKING TITLE: ANTICIPATED PUBLISH DATE:

SUBJECT/THEME: SERIES? Y N # ____

CATEGORIES:

OUTLINE:

NOTES:

RESEARCH

- ○
- ○
- ○
- ○
- ○
- ○
- ○
- ○
- ○

POTENTIAL AFFILIATES & SALES

- ○
- ○
- ○
- ○
- ○
- ○
- ○
- ○
- ○

©2023 Wildrose Media www.wildrose-media.com

--- BLOG POST IDEA ---

WORKING TITLE:

ANTICIPATED PUBLISH DATE:

SUBJECT/THEME:

SERIES? Y N # ____

CATEGORIES:

OUTLINE:

NOTES:

RESEARCH

- ○
- ○
- ○
- ○
- ○
- ○
- ○
- ○
- ○

POTENTIAL AFFILIATES & SALES

- ○
- ○
- ○
- ○
- ○
- ○
- ○
- ○
- ○

©2023 Wildrose Media www.wildrose-media.com

--- BLOG POST IDEA ---

WORKING TITLE: ANTICIPATED PUBLISH DATE:

SUBJECT/THEME: SERIES? Y N # ____

CATEGORIES:

OUTLINE:

NOTES:

RESEARCH

- ○ ____
- ○ ____
- ○ ____
- ○ ____
- ○ ____
- ○ ____
- ○ ____
- ○ ____
- ○ ____

POTENTIAL AFFILIATES & SALES

- ○ ____
- ○ ____
- ○ ____
- ○ ____
- ○ ____
- ○ ____
- ○ ____
- ○ ____
- ○ ____

©2023 Wildrose Media www.wildrose-media.com

--- BLOG POST IDEA ---

WORKING TITLE: ANTICIPATED PUBLISH DATE:

SUBJECT/THEME: SERIES? Y N # ____

CATEGORIES:

OUTLINE:

NOTES:

RESEARCH

- ○
- ○
- ○
- ○
- ○
- ○
- ○
- ○
- ○

POTENTIAL AFFILIATES & SALES

- ○
- ○
- ○
- ○
- ○
- ○
- ○
- ○
- ○

©2023 Wildrose Media www.wildrose-media.com

--- BLOG POST IDEA ---

WORKING TITLE: ANTICIPATED PUBLISH DATE:

SUBJECT/THEME: SERIES? Y N # ____

CATEGORIES:

OUTLINE:

NOTES:

RESEARCH

- ○
- ○
- ○
- ○
- ○
- ○
- ○
- ○
- ○

POTENTIAL AFFILIATES & SALES

- ○
- ○
- ○
- ○
- ○
- ○
- ○
- ○
- ○

©2023 Wildrose Media www.wildrose-media.com

--- BLOG POST IDEA ---

WORKING TITLE: ANTICIPATED PUBLISH DATE:

SUBJECT/THEME: SERIES? Y N # ____

CATEGORIES:

OUTLINE:

NOTES:

RESEARCH

- ○
- ○
- ○
- ○
- ○
- ○
- ○
- ○
- ○

POTENTIAL AFFILIATES & SALES

- ○
- ○
- ○
- ○
- ○
- ○
- ○
- ○
- ○

©2023 Wildrose Media www.wildrose-media.com

--- BLOG POST IDEA ---

WORKING TITLE: ANTICIPATED PUBLISH DATE:

SUBJECT/THEME: SERIES? Y N # ____

CATEGORIES:

OUTLINE:

NOTES:

RESEARCH

- ○
- ○
- ○
- ○
- ○
- ○
- ○
- ○
- ○

POTENTIAL AFFILIATES & SALES

- ○
- ○
- ○
- ○
- ○
- ○
- ○
- ○
- ○

©2023 Wildrose Media www.wildrose-media.com

--- BLOG POST IDEA ---

WORKING TITLE: ANTICIPATED PUBLISH DATE:

SUBJECT/THEME: SERIES? Y N # ____

CATEGORIES:

OUTLINE:

NOTES:

RESEARCH

○ ____
○ ____
○ ____
○ ____
○ ____
○ ____
○ ____
○ ____
○ ____

POTENTIAL AFFILIATES & SALES

○ ____
○ ____
○ ____
○ ____
○ ____
○ ____
○ ____
○ ____
○ ____

©2023 Wildrose Media www.wildrose-media.com

--- BLOG POST IDEA ---

WORKING TITLE: ANTICIPATED PUBLISH DATE:

SUBJECT/THEME: SERIES? Y N # ____

CATEGORIES:

OUTLINE:

NOTES:

RESEARCH

- ○ ______
- ○ ______
- ○ ______
- ○ ______
- ○ ______
- ○ ______
- ○ ______
- ○ ______
- ○ ______

POTENTIAL AFFILIATES & SALES

- ○ ______
- ○ ______
- ○ ______
- ○ ______
- ○ ______
- ○ ______
- ○ ______
- ○ ______
- ○ ______

©2023 Wildrose Media www.wildrose-media.com

--- BLOG POST IDEA ---

WORKING TITLE:

ANTICIPATED PUBLISH DATE:

SUBJECT/THEME:

SERIES? Y N # ____

CATEGORIES:

OUTLINE:

NOTES:

RESEARCH

- ○ ____
- ○ ____
- ○ ____
- ○ ____
- ○ ____
- ○ ____
- ○ ____
- ○ ____
- ○ ____

POTENTIAL AFFILIATES & SALES

- ○ ____
- ○ ____
- ○ ____
- ○ ____
- ○ ____
- ○ ____
- ○ ____
- ○ ____
- ○ ____

©2023 Wildrose Media www.wildrose-media.com

--- BLOG POST IDEA ---

WORKING TITLE: ANTICIPATED PUBLISH DATE:

SUBJECT/THEME: SERIES? Y N # ____

CATEGORIES:

OUTLINE:

NOTES:

RESEARCH

- ○
- ○
- ○
- ○
- ○
- ○
- ○
- ○
- ○

POTENTIAL AFFILIATES & SALES

- ○
- ○
- ○
- ○
- ○
- ○
- ○
- ○
- ○

©2023 Wildrose Media www.wildrose-media.com

BLOGS

--- BLOG LOG ---

BLOG TITLE:

SUBTITLE:

WRITTEN - BEGIN/END: __________ /__________ EDITED: __________ SCHEDULED ON: __________ LIVE ON: __________

CATEGORIES: ____

____

TEMPLATE USED: ____

SEO _____ % KEYWORDS - TAGS

- ☐ ____________________
- ☐ ____________________
- ☐ ____________________
- ☐ ____________________
- ☐ ____________________
- ☐ ____________________
- ☐ ____________________
- ☐ ____________________
- ☐ ____________________
- ☐ ____________________
- ☐ ____________________

CHECKLIST

- ☐ TITLE/HEADER
- ☐ THUMBNAIL
- ☐ FREEBIES/DOWNLOADS
- ☐ INTERNAL IMAGES (# ____)
- ☐ TEST INTERNAL LINKS
- ☐ TEST EXTERNAL LINKS
- ☐ TEST AFFILIATE LINKS
- ☐ ____________________
- ☐ ____________________
- ☐ ____________________
- ☐ ____________________

SOCIAL MEDIA / SHARE

- ☐ FB DATE/TIME: _______ FB LIKES______ FB SHARES_______
- ☐ IG DATE/TIME: _______ IG LIKES______ IG SHARES_______
- ☐ PINTEREST DATE/TIME ____________________
- ☐ ____________________
- ☐ MENTION IN NEWSLETTER/EMAIL? Y/N DATE:__________
- ☐ SHARE/ INFLUENCER ____________________
- ☐ ____________________
- ☐ ____________________
- ☐ ____________________
- ☐ ____________________
- ☐ ____________________

INTERNAL LINKS ____

____

____

EXTERNAL LINKS ____

____

____

____

____

AFFILIATES

STORE NAME ______________________________ EARNINGS:______________

PRODUCT NAME ____

PRICE $ _______ # AVAIL _______ RE-CHECK PRODUCT AVAIL. ☐____ ☐____ ☐____ ☐____ ☐____

STORE NAME ______________________________ EARNINGS:______________

PRODUCT NAME ____

PRICE $ _______ # AVAIL _______ RE-CHECK PRODUCT AVAIL. ☐____ ☐____ ☐____ ☐____ ☐____

STORE NAME ______________________________ EARNINGS:______________

PRODUCT NAME ____

PRICE $ _______ # AVAIL _______ RE-CHECK PRODUCT AVAIL. ☐____ ☐____ ☐____ ☐____ ☐____

STORE NAME ______________________________ EARNINGS:______________

PRODUCT NAME ____

PRICE $ _______ # AVAIL _______ RE-CHECK PRODUCT AVAIL. ☐____ ☐____ ☐____ ☐____ ☐____

©2023 Wildrose Media www.wildrose-media.com

--- BLOG LOG ---

BLOG TITLE:

SUBTITLE:

WRITTEN - BEGIN/END: ________ /________ EDITED: ________ SCHEDULED ON: ________ LIVE ON: ________

CATEGORIES: ____

____

TEMPLATE USED: ____

SEO _____ % KEYWORDS - TAGS	CHECKLIST	SOCIAL MEDIA / SHARE
☐ ____________	☐ TITLE/HEADER	☐ FB DATE/TIME: ______ FB LIKES_____ FB SHARES______
☐ ____________	☐ THUMBNAIL	☐ IG DATE/TIME: ______ IG LIKES_____ IG SHARES______
☐ ____________	☐ FREEBIES/DOWNLOADS	☐ PINTEREST DATE/TIME ____________
☐ ____________	☐ INTERNAL IMAGES (# ____)	☐ ____________
☐ ____________	☐ TEST INTERNAL LINKS	☐ MENTION IN NEWSLETTER/EMAIL? Y/N DATE:________
☐ ____________	☐ TEST EXTERNAL LINKS	☐ SHARE/ INFLUENCER ____________
☐ ____________	☐ TEST AFFILIATE LINKS	☐ ____________
☐ ____________	☐ ____________	☐ ____________
☐ ____________	☐ ____________	☐ ____________
☐ ____________	☐ ____________	☐ ____________
☐ ____________	☐ ____________	☐ ____________

INTERNAL LINKS ____

____

____

EXTERNAL LINKS ____

____

____

____

____

AFFILIATES

STORE NAME ____________________ EARNINGS:__________

PRODUCT NAME ____

PRICE $ ______ # AVAIL ______ RE-CHECK PRODUCT AVAIL. ☐____ ☐____ ☐____ ☐____ ☐____

STORE NAME ____________________ EARNINGS:__________

PRODUCT NAME ____

PRICE $ ______ # AVAIL ______ RE-CHECK PRODUCT AVAIL. ☐____ ☐____ ☐____ ☐____ ☐____

STORE NAME ____________________ EARNINGS:__________

PRODUCT NAME ____

PRICE $ ______ # AVAIL ______ RE-CHECK PRODUCT AVAIL. ☐____ ☐____ ☐____ ☐____ ☐____

STORE NAME ____________________ EARNINGS:__________

PRODUCT NAME ____

PRICE $ ______ # AVAIL ______ RE-CHECK PRODUCT AVAIL. ☐____ ☐____ ☐____ ☐____ ☐____

©2023 Wildrose Media www.wildrose-media.com

--- BLOG LOG ---

BLOG TITLE:

SUBTITLE:

WRITTEN - BEGIN/END: ___________ /___________ EDITED: ___________ SCHEDULED ON: ___________ LIVE ON: ___________

CATEGORIES: ___________

TEMPLATE USED: ___________

SEO _____ % KEYWORDS - TAGS

- ☐ ___________
- ☐ ___________
- ☐ ___________
- ☐ ___________
- ☐ ___________
- ☐ ___________
- ☐ ___________
- ☐ ___________
- ☐ ___________
- ☐ ___________
- ☐ ___________

CHECKLIST

- ☐ TITLE/HEADER
- ☐ THUMBNAIL
- ☐ FREEBIES/DOWNLOADS
- ☐ INTERNAL IMAGES (# ____)
- ☐ TEST INTERNAL LINKS
- ☐ TEST EXTERNAL LINKS
- ☐ TEST AFFILIATE LINKS
- ☐ ___________
- ☐ ___________
- ☐ ___________
- ☐ ___________

SOCIAL MEDIA / SHARE

- ☐ FB DATE/TIME: ________ FB LIKES______ FB SHARES________
- ☐ IG DATE/TIME: ________ IG LIKES______ IG SHARES________
- ☐ PINTEREST DATE/TIME ___________
- ☐ ___________
- ☐ MENTION IN NEWSLETTER/EMAIL? Y/ N DATE:___________
- ☐ SHARE/ INFLUENCER ___________
- ☐ ___________
- ☐ ___________
- ☐ ___________
- ☐ ___________
- ☐ ___________

INTERNAL LINKS ___________

EXTERNAL LINKS ___________

AFFILIATES

STORE NAME ___________ EARNINGS:___________

PRODUCT NAME ___________

PRICE $ _______ # AVAIL _______ RE-CHECK PRODUCT AVAIL. ☐____ ☐____ ☐____ ☐____ ☐____

STORE NAME ___________ EARNINGS:___________

PRODUCT NAME ___________

PRICE $ _______ # AVAIL _______ RE-CHECK PRODUCT AVAIL. ☐____ ☐____ ☐____ ☐____ ☐____

STORE NAME ___________ EARNINGS:___________

PRODUCT NAME ___________

PRICE $ _______ # AVAIL _______ RE-CHECK PRODUCT AVAIL. ☐____ ☐____ ☐____ ☐____ ☐____

STORE NAME ___________ EARNINGS:___________

PRODUCT NAME ___________

PRICE $ _______ # AVAIL _______ RE-CHECK PRODUCT AVAIL. ☐____ ☐____ ☐____ ☐____ ☐____

©2023 Wildrose Media www.wildrose-media.com

--- BLOG LOG ---

BLOG TITLE:
SUBTITLE:

WRITTEN - BEGIN/END: ___________ /___________ EDITED: ___________ SCHEDULED ON: ___________ LIVE ON: ___________
CATEGORIES: ____
____

TEMPLATE USED: ____

SEO _____ % KEYWORDS - TAGS

☐ ____________________
☐ ____________________
☐ ____________________
☐ ____________________
☐ ____________________
☐ ____________________
☐ ____________________
☐ ____________________
☐ ____________________
☐ ____________________
☐ ____________________

CHECKLIST

☐ TITLE/HEADER
☐ THUMBNAIL
☐ FREEBIES/DOWNLOADS
☐ INTERNAL IMAGES (# ____)
☐ TEST INTERNAL LINKS
☐ TEST EXTERNAL LINKS
☐ TEST AFFILIATE LINKS
☐ ____________________
☐ ____________________
☐ ____________________
☐ ____________________

SOCIAL MEDIA / SHARE

☐ FB DATE/TIME: ________ FB LIKES______ FB SHARES________
☐ IG DATE/TIME: ________ IG LIKES______ IG SHARES________
☐ PINTEREST DATE/TIME ____________________
☐ ____________________
☐ MENTION IN NEWSLETTER/EMAIL? Y/ N DATE:____________
☐ SHARE/ INFLUENCER ____________________
☐ ____________________
☐ ____________________
☐ ____________________
☐ ____________________
☐ ____________________

INTERNAL LINKS ____
____
____

EXTERNAL LINKS ____
____
____
____
____

AFFILIATES

STORE NAME ______________________ EARNINGS:____________
PRODUCT NAME ____

PRICE $ _______ # AVAIL _______ RE-CHECK PRODUCT AVAIL. ☐____ ☐____ ☐____ ☐____ ☐____

STORE NAME ______________________ EARNINGS:____________
PRODUCT NAME ____

PRICE $ _______ # AVAIL _______ RE-CHECK PRODUCT AVAIL. ☐____ ☐____ ☐____ ☐____ ☐____

STORE NAME ______________________ EARNINGS:____________
PRODUCT NAME ____

PRICE $ _______ # AVAIL _______ RE-CHECK PRODUCT AVAIL. ☐____ ☐____ ☐____ ☐____ ☐____

STORE NAME ______________________ EARNINGS:____________
PRODUCT NAME ____

PRICE $ _______ # AVAIL _______ RE-CHECK PRODUCT AVAIL. ☐____ ☐____ ☐____ ☐____ ☐____

©2023 Wildrose Media www.wildrose-media.com

--- BLOG LOG ---

BLOG TITLE:

SUBTITLE:

WRITTEN - BEGIN/END: ___________ /___________ EDITED: ___________ SCHEDULED ON: ___________ LIVE ON: ___________

CATEGORIES: ____

____

TEMPLATE USED: ____

SEO _____ % KEYWORDS - TAGS

- ☐ ______________________
- ☐ ______________________
- ☐ ______________________
- ☐ ______________________
- ☐ ______________________
- ☐ ______________________
- ☐ ______________________
- ☐ ______________________
- ☐ ______________________
- ☐ ______________________
- ☐ ______________________

CHECKLIST

- ☐ TITLE/HEADER
- ☐ THUMBNAIL
- ☐ FREEBIES/DOWNLOADS
- ☐ INTERNAL IMAGES (# ____)
- ☐ TEST INTERNAL LINKS
- ☐ TEST EXTERNAL LINKS
- ☐ TEST AFFILIATE LINKS
- ☐ ______________________
- ☐ ______________________
- ☐ ______________________
- ☐ ______________________

SOCIAL MEDIA / SHARE

- ☐ FB DATE/TIME: ________ FB LIKES______ FB SHARES________
- ☐ IG DATE/TIME: ________ IG LIKES______ IG SHARES________
- ☐ PINTEREST DATE/TIME ______________________
- ☐ ______________________
- ☐ MENTION IN NEWSLETTER/EMAIL? Y/N DATE:____________
- ☐ SHARE/ INFLUENCER ______________________
- ☐ ______________________
- ☐ ______________________
- ☐ ______________________
- ☐ ______________________
- ☐ ______________________

INTERNAL LINKS ____

EXTERNAL LINKS ____

AFFILIATES

STORE NAME ______________________ EARNINGS:______________

PRODUCT NAME ______________________

PRICE $ _______ # AVAIL _______ RE-CHECK PRODUCT AVAIL. ☐____ ☐____ ☐____ ☐____ ☐____

STORE NAME ______________________ EARNINGS:______________

PRODUCT NAME ______________________

PRICE $ _______ # AVAIL _______ RE-CHECK PRODUCT AVAIL. ☐____ ☐____ ☐____ ☐____ ☐____

STORE NAME ______________________ EARNINGS:______________

PRODUCT NAME ______________________

PRICE $ _______ # AVAIL _______ RE-CHECK PRODUCT AVAIL. ☐____ ☐____ ☐____ ☐____ ☐____

STORE NAME ______________________ EARNINGS:______________

PRODUCT NAME ______________________

PRICE $ _______ # AVAIL _______ RE-CHECK PRODUCT AVAIL. ☐____ ☐____ ☐____ ☐____ ☐____

©2023 Wildrose Media www.wildrose-media.com

--- BLOG LOG ---

BLOG TITLE:

SUBTITLE:

WRITTEN - BEGIN/END: ____________ / ____________ EDITED: ____________ SCHEDULED ON: ____________ LIVE ON: ____________

CATEGORIES: ____

____

TEMPLATE USED: ____

SEO _____ % KEYWORDS - TAGS

- ☐ ____________
- ☐ ____________
- ☐ ____________
- ☐ ____________
- ☐ ____________
- ☐ ____________
- ☐ ____________
- ☐ ____________
- ☐ ____________
- ☐ ____________
- ☐ ____________

CHECKLIST

- ☐ TITLE/HEADER
- ☐ THUMBNAIL
- ☐ FREEBIES/DOWNLOADS
- ☐ INTERNAL IMAGES (# ____)
- ☐ TEST INTERNAL LINKS
- ☐ TEST EXTERNAL LINKS
- ☐ TEST AFFILIATE LINKS
- ☐ ____________
- ☐ ____________
- ☐ ____________
- ☐ ____________

SOCIAL MEDIA / SHARE

- ☐ FB DATE/TIME: ________ FB LIKES ______ FB SHARES ________
- ☐ IG DATE/TIME: ________ IG LIKES ______ IG SHARES ________
- ☐ PINTEREST DATE/TIME ____________
- ☐ ____________
- ☐ MENTION IN NEWSLETTER/EMAIL? Y/ N DATE: ____________
- ☐ SHARE/ INFLUENCER ____________
- ☐ ____________
- ☐ ____________
- ☐ ____________
- ☐ ____________
- ☐ ____________

INTERNAL LINKS ____

____

____

EXTERNAL LINKS ____

____

____

____

____

AFFILIATES

STORE NAME ______________________ EARNINGS: ____________

PRODUCT NAME ____

PRICE $ ______ # AVAIL ______ RE-CHECK PRODUCT AVAIL. ☐____ ☐____ ☐____ ☐____ ☐____

STORE NAME ______________________ EARNINGS: ____________

PRODUCT NAME ____

PRICE $ ______ # AVAIL ______ RE-CHECK PRODUCT AVAIL. ☐____ ☐____ ☐____ ☐____ ☐____

STORE NAME ______________________ EARNINGS: ____________

PRODUCT NAME ____

PRICE $ ______ # AVAIL ______ RE-CHECK PRODUCT AVAIL. ☐____ ☐____ ☐____ ☐____ ☐____

STORE NAME ______________________ EARNINGS: ____________

PRODUCT NAME ____

PRICE $ ______ # AVAIL ______ RE-CHECK PRODUCT AVAIL. ☐____ ☐____ ☐____ ☐____ ☐____

©2023 Wildrose Media www.wildrose-media.com

--- BLOG LOG ---

BLOG TITLE:

SUBTITLE:

WRITTEN - BEGIN/END: __________ /__________ EDITED: __________ SCHEDULED ON: __________ LIVE ON: __________

CATEGORIES: ______________________________

____

TEMPLATE USED: ______________________________

SEO _____ % KEYWORDS - TAGS

☐ ____________________
☐ ____________________
☐ ____________________
☐ ____________________
☐ ____________________
☐ ____________________
☐ ____________________
☐ ____________________
☐ ____________________
☐ ____________________
☐ ____________________

CHECKLIST

☐ TITLE/HEADER
☐ THUMBNAIL
☐ FREEBIES/DOWNLOADS
☐ INTERNAL IMAGES (# ____)
☐ TEST INTERNAL LINKS
☐ TEST EXTERNAL LINKS
☐ TEST AFFILIATE LINKS
☐ ____________________
☐ ____________________
☐ ____________________
☐ ____________________

SOCIAL MEDIA / SHARE

☐ FB DATE/TIME: ________ FB LIKES______ FB SHARES________
☐ IG DATE/TIME: ________ IG LIKES______ IG SHARES________
☐ PINTEREST DATE/TIME ____________________
☐ ____________________
☐ MENTION IN NEWSLETTER/EMAIL? Y/ N DATE:____________
☐ SHARE/ INFLUENCER ____________________
☐ ____________________
☐ ____________________
☐ ____________________
☐ ____________________
☐ ____________________

INTERNAL LINKS ______________________________

EXTERNAL LINKS ______________________________

AFFILIATES

STORE NAME ____________________ EARNINGS:__________

PRODUCT NAME ______________________________

PRICE $ ______ # AVAIL ______ RE-CHECK PRODUCT AVAIL. ☐____ ☐____ ☐____ ☐____ ☐____

STORE NAME ____________________ EARNINGS:__________

PRODUCT NAME ______________________________

PRICE $ ______ # AVAIL ______ RE-CHECK PRODUCT AVAIL. ☐____ ☐____ ☐____ ☐____ ☐____

STORE NAME ____________________ EARNINGS:__________

PRODUCT NAME ______________________________

PRICE $ ______ # AVAIL ______ RE-CHECK PRODUCT AVAIL. ☐____ ☐____ ☐____ ☐____ ☐____

STORE NAME ____________________ EARNINGS:__________

PRODUCT NAME ______________________________

PRICE $ ______ # AVAIL ______ RE-CHECK PRODUCT AVAIL. ☐____ ☐____ ☐____ ☐____ ☐____

©2023 Wildrose Media www.wildrose-media.com

--- BLOG LOG ---

BLOG TITLE:

SUBTITLE:

WRITTEN - BEGIN/END: ___________ /___________ EDITED: ___________ SCHEDULED ON: ___________ LIVE ON: ___________

CATEGORIES: ____

____

TEMPLATE USED: ____

SEO _____ % KEYWORDS - TAGS

- ☐ ____________________
- ☐ ____________________
- ☐ ____________________
- ☐ ____________________
- ☐ ____________________
- ☐ ____________________
- ☐ ____________________
- ☐ ____________________
- ☐ ____________________
- ☐ ____________________
- ☐ ____________________

CHECKLIST

- ☐ TITLE/HEADER
- ☐ THUMBNAIL
- ☐ FREEBIES/DOWNLOADS
- ☐ INTERNAL IMAGES (# ____)
- ☐ TEST INTERNAL LINKS
- ☐ TEST EXTERNAL LINKS
- ☐ TEST AFFILIATE LINKS
- ☐ ____________________
- ☐ ____________________
- ☐ ____________________
- ☐ ____________________

SOCIAL MEDIA / SHARE

- ☐ FB DATE/TIME: ________ FB LIKES______ FB SHARES________
- ☐ IG DATE/TIME: ________ IG LIKES______ IG SHARES________
- ☐ PINTEREST DATE/TIME ____________________
- ☐ ____________________
- ☐ MENTION IN NEWSLETTER/EMAIL? Y/ N DATE:___________
- ☐ SHARE/ INFLUENCER ____________________
- ☐ ____________________
- ☐ ____________________
- ☐ ____________________
- ☐ ____________________
- ☐ ____________________

INTERNAL LINKS ____

____

____

EXTERNAL LINKS ____

____

____

____

____

AFFILIATES

STORE NAME ______________________________ EARNINGS:______________

PRODUCT NAME ____

PRICE $ ______ # AVAIL ______ RE-CHECK PRODUCT AVAIL. ☐____ ☐____ ☐____ ☐____ ☐____

STORE NAME ______________________________ EARNINGS:______________

PRODUCT NAME ____

PRICE $ ______ # AVAIL ______ RE-CHECK PRODUCT AVAIL. ☐____ ☐____ ☐____ ☐____ ☐____

STORE NAME ______________________________ EARNINGS:______________

PRODUCT NAME ____

PRICE $ ______ # AVAIL ______ RE-CHECK PRODUCT AVAIL. ☐____ ☐____ ☐____ ☐____ ☐____

STORE NAME ______________________________ EARNINGS:______________

PRODUCT NAME ____

PRICE $ ______ # AVAIL ______ RE-CHECK PRODUCT AVAIL. ☐____ ☐____ ☐____ ☐____ ☐____

©2023 Wildrose Media www.wildrose-media.com

--- BLOG LOG ---

BLOG TITLE:

SUBTITLE:

WRITTEN - BEGIN/END: ___________ /___________ EDITED: ___________ SCHEDULED ON: ___________ LIVE ON: _________

CATEGORIES: ____

____

TEMPLATE USED: ____

SEO _____ % KEYWORDS - TAGS

- ☐ ______________________
- ☐ ______________________
- ☐ ______________________
- ☐ ______________________
- ☐ ______________________
- ☐ ______________________
- ☐ ______________________
- ☐ ______________________
- ☐ ______________________
- ☐ ______________________
- ☐ ______________________

CHECKLIST

- ☐ TITLE/HEADER
- ☐ THUMBNAIL
- ☐ FREEBIES/DOWNLOADS
- ☐ INTERNAL IMAGES (# ____)
- ☐ TEST INTERNAL LINKS
- ☐ TEST EXTERNAL LINKS
- ☐ TEST AFFILIATE LINKS
- ☐ ______________________
- ☐ ______________________
- ☐ ______________________
- ☐ ______________________

SOCIAL MEDIA / SHARE

- ☐ FB DATE/TIME: ________ FB LIKES______ FB SHARES________
- ☐ IG DATE/TIME: ________ IG LIKES______ IG SHARES________
- ☐ PINTEREST DATE/TIME ______________________
- ☐ ______________________
- ☐ MENTION IN NEWSLETTER/EMAIL? Y/N DATE:____________
- ☐ SHARE/ INFLUENCER ______________________
- ☐ ______________________
- ☐ ______________________
- ☐ ______________________
- ☐ ______________________
- ☐ ______________________

INTERNAL LINKS ____

____

____

EXTERNAL LINKS ____

____

____

____

____

AFFILIATES

STORE NAME ______________________ EARNINGS:______________

PRODUCT NAME ______________________

PRICE $ ______ # AVAIL ______ RE-CHECK PRODUCT AVAIL. ☐____ ☐____ ☐____ ☐____ ☐____

STORE NAME ______________________ EARNINGS:______________

PRODUCT NAME ______________________

PRICE $ ______ # AVAIL ______ RE-CHECK PRODUCT AVAIL. ☐____ ☐____ ☐____ ☐____ ☐____

STORE NAME ______________________ EARNINGS:______________

PRODUCT NAME ______________________

PRICE $ ______ # AVAIL ______ RE-CHECK PRODUCT AVAIL. ☐____ ☐____ ☐____ ☐____ ☐____

STORE NAME ______________________ EARNINGS:______________

PRODUCT NAME ______________________

PRICE $ ______ # AVAIL ______ RE-CHECK PRODUCT AVAIL. ☐____ ☐____ ☐____ ☐____ ☐____

©2023 Wildrose Media www.wildrose-media.com

--- BLOG LOG ---

BLOG TITLE:

SUBTITLE:

WRITTEN - BEGIN/END: __________ /__________ EDITED: __________ SCHEDULED ON: __________ LIVE ON: __________

CATEGORIES: ______________________________

TEMPLATE USED: ______________________________

SEO _____ % KEYWORDS - TAGS

- ☐ ______________
- ☐ ______________
- ☐ ______________
- ☐ ______________
- ☐ ______________
- ☐ ______________
- ☐ ______________
- ☐ ______________
- ☐ ______________
- ☐ ______________
- ☐ ______________

CHECKLIST

- ☐ TITLE/HEADER
- ☐ THUMBNAIL
- ☐ FREEBIES/DOWNLOADS
- ☐ INTERNAL IMAGES (# ____)
- ☐ TEST INTERNAL LINKS
- ☐ TEST EXTERNAL LINKS
- ☐ TEST AFFILIATE LINKS
- ☐ ______________
- ☐ ______________
- ☐ ______________
- ☐ ______________

SOCIAL MEDIA / SHARE

- ☐ FB DATE/TIME: ________ FB LIKES______ FB SHARES________
- ☐ IG DATE/TIME: ________ IG LIKES______ IG SHARES________
- ☐ PINTEREST DATE/TIME ______________
- ☐ ______________
- ☐ MENTION IN NEWSLETTER/EMAIL? Y/ N DATE:__________
- ☐ SHARE/ INFLUENCER ______________
- ☐ ______________
- ☐ ______________
- ☐ ______________
- ☐ ______________
- ☐ ______________

INTERNAL LINKS ______________________________

EXTERNAL LINKS ______________________________

AFFILIATES

STORE NAME ______________________ EARNINGS:__________

PRODUCT NAME ______________________

PRICE $ _______ # AVAIL _______ RE-CHECK PRODUCT AVAIL. ☐____ ☐____ ☐____ ☐____ ☐____

STORE NAME ______________________ EARNINGS:__________

PRODUCT NAME ______________________

PRICE $ _______ # AVAIL _______ RE-CHECK PRODUCT AVAIL. ☐____ ☐____ ☐____ ☐____ ☐____

STORE NAME ______________________ EARNINGS:__________

PRODUCT NAME ______________________

PRICE $ _______ # AVAIL _______ RE-CHECK PRODUCT AVAIL. ☐____ ☐____ ☐____ ☐____ ☐____

STORE NAME ______________________ EARNINGS:__________

PRODUCT NAME ______________________

PRICE $ _______ # AVAIL _______ RE-CHECK PRODUCT AVAIL. ☐____ ☐____ ☐____ ☐____ ☐____

©2023 Wildrose Media www.wildrose-media.com

--- BLOG LOG ---

BLOG TITLE:

SUBTITLE:

WRITTEN - BEGIN/END: ________ /________ EDITED: ________ SCHEDULED ON: ________ LIVE ON: ________

CATEGORIES: ____________________

____

TEMPLATE USED: ____________________

SEO _____ % KEYWORDS - TAGS

- ☐ ________
- ☐ ________
- ☐ ________
- ☐ ________
- ☐ ________
- ☐ ________
- ☐ ________
- ☐ ________
- ☐ ________
- ☐ ________
- ☐ ________

CHECKLIST

- ☐ TITLE/HEADER
- ☐ THUMBNAIL
- ☐ FREEBIES/DOWNLOADS
- ☐ INTERNAL IMAGES (# ____)
- ☐ TEST INTERNAL LINKS
- ☐ TEST EXTERNAL LINKS
- ☐ TEST AFFILIATE LINKS
- ☐ ________
- ☐ ________
- ☐ ________
- ☐ ________

SOCIAL MEDIA / SHARE

- ☐ FB DATE/TIME: ______ FB LIKES______ FB SHARES______
- ☐ IG DATE/TIME: ______ IG LIKES______ IG SHARES______
- ☐ PINTEREST DATE/TIME ________
- ☐ ________
- ☐ MENTION IN NEWSLETTER/EMAIL? Y/N DATE:________
- ☐ SHARE/ INFLUENCER ________
- ☐ ________
- ☐ ________
- ☐ ________
- ☐ ________
- ☐ ________

INTERNAL LINKS ____________________

____

____

EXTERNAL LINKS ____________________

____

____

____

____

AFFILIATES

STORE NAME ________ EARNINGS:________

PRODUCT NAME ________

PRICE $ ______ # AVAIL ______ RE-CHECK PRODUCT AVAIL. ☐____ ☐____ ☐____ ☐____ ☐____

STORE NAME ________ EARNINGS:________

PRODUCT NAME ________

PRICE $ ______ # AVAIL ______ RE-CHECK PRODUCT AVAIL. ☐____ ☐____ ☐____ ☐____ ☐____

STORE NAME ________ EARNINGS:________

PRODUCT NAME ________

PRICE $ ______ # AVAIL ______ RE-CHECK PRODUCT AVAIL. ☐____ ☐____ ☐____ ☐____ ☐____

STORE NAME ________ EARNINGS:________

PRODUCT NAME ________

PRICE $ ______ # AVAIL ______ RE-CHECK PRODUCT AVAIL. ☐____ ☐____ ☐____ ☐____ ☐____

©2023 Wildrose Media www.wildrose-media.com

--- BLOG LOG ---

BLOG TITLE:

SUBTITLE:

WRITTEN - BEGIN/END: __________ / __________ EDITED: __________ SCHEDULED ON: __________ LIVE ON: __________

CATEGORIES: ______________________________

____

TEMPLATE USED: ______________________________

SEO _____ % KEYWORDS - TAGS

- ☐ __________
- ☐ __________
- ☐ __________
- ☐ __________
- ☐ __________
- ☐ __________
- ☐ __________
- ☐ __________
- ☐ __________
- ☐ __________
- ☐ __________

CHECKLIST

- ☐ TITLE/HEADER
- ☐ THUMBNAIL
- ☐ FREEBIES/DOWNLOADS
- ☐ INTERNAL IMAGES (# ____)
- ☐ TEST INTERNAL LINKS
- ☐ TEST EXTERNAL LINKS
- ☐ TEST AFFILIATE LINKS
- ☐ __________
- ☐ __________
- ☐ __________
- ☐ __________

SOCIAL MEDIA / SHARE

- ☐ FB DATE/TIME: ______ FB LIKES______ FB SHARES______
- ☐ IG DATE/TIME: ______ IG LIKES______ IG SHARES______
- ☐ PINTEREST DATE/TIME __________
- ☐ __________
- ☐ MENTION IN NEWSLETTER/EMAIL? Y/N DATE:__________
- ☐ SHARE/ INFLUENCER __________
- ☐ __________
- ☐ __________
- ☐ __________
- ☐ __________
- ☐ __________

INTERNAL LINKS ______________________________

EXTERNAL LINKS ______________________________

AFFILIATES

STORE NAME ______________________ EARNINGS:__________

PRODUCT NAME ______________________________

PRICE $ ______ # AVAIL ______ RE-CHECK PRODUCT AVAIL. ☐____ ☐____ ☐____ ☐____ ☐____

STORE NAME ______________________ EARNINGS:__________

PRODUCT NAME ______________________________

PRICE $ ______ # AVAIL ______ RE-CHECK PRODUCT AVAIL. ☐____ ☐____ ☐____ ☐____ ☐____

STORE NAME ______________________ EARNINGS:__________

PRODUCT NAME ______________________________

PRICE $ ______ # AVAIL ______ RE-CHECK PRODUCT AVAIL. ☐____ ☐____ ☐____ ☐____ ☐____

STORE NAME ______________________ EARNINGS:__________

PRODUCT NAME ______________________________

PRICE $ ______ # AVAIL ______ RE-CHECK PRODUCT AVAIL. ☐____ ☐____ ☐____ ☐____ ☐____

©2023 Wildrose Media www.wildrose-media.com

--- BLOG LOG ---

BLOG TITLE:

SUBTITLE:

WRITTEN - BEGIN/END: __________ /__________ EDITED: __________ SCHEDULED ON: __________ LIVE ON: __________

CATEGORIES: ______________________________

TEMPLATE USED: ______________________________

SEO _____ % KEYWORDS - TAGS

- ☐ ____________
- ☐ ____________
- ☐ ____________
- ☐ ____________
- ☐ ____________
- ☐ ____________
- ☐ ____________
- ☐ ____________
- ☐ ____________
- ☐ ____________
- ☐ ____________

CHECKLIST

- ☐ TITLE/HEADER
- ☐ THUMBNAIL
- ☐ FREEBIES/DOWNLOADS
- ☐ INTERNAL IMAGES (# ____)
- ☐ TEST INTERNAL LINKS
- ☐ TEST EXTERNAL LINKS
- ☐ TEST AFFILIATE LINKS
- ☐ ____________
- ☐ ____________
- ☐ ____________
- ☐ ____________

SOCIAL MEDIA / SHARE

- ☐ FB DATE/TIME: ________ FB LIKES______ FB SHARES________
- ☐ IG DATE/TIME: ________ IG LIKES______ IG SHARES________
- ☐ PINTEREST DATE/TIME ____________
- ☐ ____________
- ☐ MENTION IN NEWSLETTER/EMAIL? Y/N DATE:____________
- ☐ SHARE/ INFLUENCER ____________
- ☐ ____________
- ☐ ____________
- ☐ ____________
- ☐ ____________
- ☐ ____________

INTERNAL LINKS ______________________________

EXTERNAL LINKS ______________________________

AFFILIATES

STORE NAME ____________________ EARNINGS:__________
PRODUCT NAME ______________________________

PRICE $ ______ # AVAIL ______ RE-CHECK PRODUCT AVAIL. ☐____ ☐____ ☐____ ☐____ ☐____

STORE NAME ____________________ EARNINGS:__________
PRODUCT NAME ______________________________

PRICE $ ______ # AVAIL ______ RE-CHECK PRODUCT AVAIL. ☐____ ☐____ ☐____ ☐____ ☐____

STORE NAME ____________________ EARNINGS:__________
PRODUCT NAME ______________________________

PRICE $ ______ # AVAIL ______ RE-CHECK PRODUCT AVAIL. ☐____ ☐____ ☐____ ☐____ ☐____

STORE NAME ____________________ EARNINGS:__________
PRODUCT NAME ______________________________

PRICE $ ______ # AVAIL ______ RE-CHECK PRODUCT AVAIL. ☐____ ☐____ ☐____ ☐____ ☐____

©2023 Wildrose Media www.wildrose-media.com

--- BLOG LOG ---

BLOG TITLE:

SUBTITLE:

WRITTEN - BEGIN/END: ___________ /___________ EDITED: ___________ SCHEDULED ON: ___________ LIVE ON: ___________

CATEGORIES: ____

TEMPLATE USED: ____

SEO _____ % KEYWORDS - TAGS

- ☐ ______________________
- ☐ ______________________
- ☐ ______________________
- ☐ ______________________
- ☐ ______________________
- ☐ ______________________
- ☐ ______________________
- ☐ ______________________
- ☐ ______________________
- ☐ ______________________
- ☐ ______________________

CHECKLIST

- ☐ TITLE/HEADER
- ☐ THUMBNAIL
- ☐ FREEBIES/DOWNLOADS
- ☐ INTERNAL IMAGES (# ____)
- ☐ TEST INTERNAL LINKS
- ☐ TEST EXTERNAL LINKS
- ☐ TEST AFFILIATE LINKS
- ☐ ______________________
- ☐ ______________________
- ☐ ______________________
- ☐ ______________________

SOCIAL MEDIA / SHARE

- ☐ FB DATE/TIME: ________ FB LIKES______ FB SHARES________
- ☐ IG DATE/TIME: ________ IG LIKES______ IG SHARES________
- ☐ PINTEREST DATE/TIME ______________________
- ☐ ______________________
- ☐ MENTION IN NEWSLETTER/EMAIL? Y/ N DATE:____________
- ☐ SHARE/ INFLUENCER ______________________
- ☐ ______________________
- ☐ ______________________
- ☐ ______________________
- ☐ ______________________
- ☐ ______________________

INTERNAL LINKS ____

EXTERNAL LINKS ____

AFFILIATES

STORE NAME ______________________ EARNINGS:______________

PRODUCT NAME ____

PRICE $ _______ # AVAIL _______ RE-CHECK PRODUCT AVAIL. ☐____ ☐____ ☐____ ☐____ ☐____

STORE NAME ______________________ EARNINGS:______________

PRODUCT NAME ____

PRICE $ _______ # AVAIL _______ RE-CHECK PRODUCT AVAIL. ☐____ ☐____ ☐____ ☐____ ☐____

STORE NAME ______________________ EARNINGS:______________

PRODUCT NAME ____

PRICE $ _______ # AVAIL _______ RE-CHECK PRODUCT AVAIL. ☐____ ☐____ ☐____ ☐____ ☐____

STORE NAME ______________________ EARNINGS:______________

PRODUCT NAME ____

PRICE $ _______ # AVAIL _______ RE-CHECK PRODUCT AVAIL. ☐____ ☐____ ☐____ ☐____ ☐____

©2023 Wildrose Media www.wildrose-media.com

--- BLOG LOG ---

BLOG TITLE:

SUBTITLE:

WRITTEN - BEGIN/END: ___________ /___________ EDITED: ___________ SCHEDULED ON: ___________ LIVE ON: ___________

CATEGORIES: ______________________________

____

TEMPLATE USED: ______________________________

SEO _____ % KEYWORDS - TAGS

- ☐ ____________
- ☐ ____________
- ☐ ____________
- ☐ ____________
- ☐ ____________
- ☐ ____________
- ☐ ____________
- ☐ ____________
- ☐ ____________
- ☐ ____________
- ☐ ____________

CHECKLIST

- ☐ TITLE/HEADER
- ☐ THUMBNAIL
- ☐ FREEBIES/DOWNLOADS
- ☐ INTERNAL IMAGES (# ____)
- ☐ TEST INTERNAL LINKS
- ☐ TEST EXTERNAL LINKS
- ☐ TEST AFFILIATE LINKS
- ☐ ____________
- ☐ ____________
- ☐ ____________
- ☐ ____________

SOCIAL MEDIA / SHARE

- ☐ FB DATE/TIME: ________ FB LIKES______ FB SHARES________
- ☐ IG DATE/TIME: ________ IG LIKES______ IG SHARES________
- ☐ PINTEREST DATE/TIME ____________
- ☐ ____________
- ☐ MENTION IN NEWSLETTER/EMAIL? Y/N DATE:____________
- ☐ SHARE/ INFLUENCER ____________
- ☐ ____________
- ☐ ____________
- ☐ ____________
- ☐ ____________
- ☐ ____________

INTERNAL LINKS ______________________________

____

____

EXTERNAL LINKS ______________________________

____

____

____

____

AFFILIATES

STORE NAME ____________ EARNINGS:____________

PRODUCT NAME ____________

PRICE $ _______ # AVAIL _______ RE-CHECK PRODUCT AVAIL. ☐____ ☐____ ☐____ ☐____ ☐____

STORE NAME ____________ EARNINGS:____________

PRODUCT NAME ____________

PRICE $ _______ # AVAIL _______ RE-CHECK PRODUCT AVAIL. ☐____ ☐____ ☐____ ☐____ ☐____

STORE NAME ____________ EARNINGS:____________

PRODUCT NAME ____________

PRICE $ _______ # AVAIL _______ RE-CHECK PRODUCT AVAIL. ☐____ ☐____ ☐____ ☐____ ☐____

STORE NAME ____________ EARNINGS:____________

PRODUCT NAME ____________

PRICE $ _______ # AVAIL _______ RE-CHECK PRODUCT AVAIL. ☐____ ☐____ ☐____ ☐____ ☐____

©2023 Wildrose Media www.wildrose-media.com

--- BLOG LOG ---

BLOG TITLE:

SUBTITLE:

WRITTEN - BEGIN/END: __________ / __________ EDITED: __________ SCHEDULED ON: __________ LIVE ON: __________

CATEGORIES: ____________________

TEMPLATE USED: ____________________

SEO _____ % KEYWORDS - TAGS

- ☐ ____________________
- ☐ ____________________
- ☐ ____________________
- ☐ ____________________
- ☐ ____________________
- ☐ ____________________
- ☐ ____________________
- ☐ ____________________
- ☐ ____________________
- ☐ ____________________
- ☐ ____________________

CHECKLIST

- ☐ TITLE/HEADER
- ☐ THUMBNAIL
- ☐ FREEBIES/DOWNLOADS
- ☐ INTERNAL IMAGES (# ____)
- ☐ TEST INTERNAL LINKS
- ☐ TEST EXTERNAL LINKS
- ☐ TEST AFFILIATE LINKS
- ☐ ____________________
- ☐ ____________________
- ☐ ____________________
- ☐ ____________________

SOCIAL MEDIA / SHARE

- ☐ FB DATE/TIME: ________ FB LIKES ______ FB SHARES ________
- ☐ IG DATE/TIME: ________ IG LIKES ______ IG SHARES ________
- ☐ PINTEREST DATE/TIME ____________________
- ☐ ____________________
- ☐ MENTION IN NEWSLETTER/EMAIL? Y/ N DATE: __________
- ☐ SHARE/ INFLUENCER ____________________
- ☐ ____________________
- ☐ ____________________
- ☐ ____________________
- ☐ ____________________
- ☐ ____________________

INTERNAL LINKS ____________________

EXTERNAL LINKS ____________________

AFFILIATES

STORE NAME ____________________ EARNINGS: __________
PRODUCT NAME ____________________
PRICE $ ______ # AVAIL ______ RE-CHECK PRODUCT AVAIL. ☐____ ☐____ ☐____ ☐____ ☐____

STORE NAME ____________________ EARNINGS: __________
PRODUCT NAME ____________________
PRICE $ ______ # AVAIL ______ RE-CHECK PRODUCT AVAIL. ☐____ ☐____ ☐____ ☐____ ☐____

STORE NAME ____________________ EARNINGS: __________
PRODUCT NAME ____________________
PRICE $ ______ # AVAIL ______ RE-CHECK PRODUCT AVAIL. ☐____ ☐____ ☐____ ☐____ ☐____

STORE NAME ____________________ EARNINGS: __________
PRODUCT NAME ____________________
PRICE $ ______ # AVAIL ______ RE-CHECK PRODUCT AVAIL. ☐____ ☐____ ☐____ ☐____ ☐____

©2023 Wildrose Media www.wildrose-media.com

--- BLOG LOG ---

BLOG TITLE:

SUBTITLE:

WRITTEN - BEGIN/END: __________ /__________ EDITED: __________ SCHEDULED ON: __________ LIVE ON: __________

CATEGORIES: ____

____

TEMPLATE USED: ____

SEO _____ % KEYWORDS - TAGS

- ☐ ____________________
- ☐ ____________________
- ☐ ____________________
- ☐ ____________________
- ☐ ____________________
- ☐ ____________________
- ☐ ____________________
- ☐ ____________________
- ☐ ____________________
- ☐ ____________________
- ☐ ____________________

CHECKLIST

- ☐ TITLE/HEADER
- ☐ THUMBNAIL
- ☐ FREEBIES/DOWNLOADS
- ☐ INTERNAL IMAGES (# ____)
- ☐ TEST INTERNAL LINKS
- ☐ TEST EXTERNAL LINKS
- ☐ TEST AFFILIATE LINKS
- ☐ ____________________
- ☐ ____________________
- ☐ ____________________
- ☐ ____________________

SOCIAL MEDIA / SHARE

- ☐ FB DATE/TIME: _______ FB LIKES______ FB SHARES_______
- ☐ IG DATE/TIME: _______ IG LIKES______ IG SHARES_______
- ☐ PINTEREST DATE/TIME ____________________
- ☐ ____________________
- ☐ MENTION IN NEWSLETTER/EMAIL? Y/N DATE:__________
- ☐ SHARE/ INFLUENCER ____________________
- ☐ ____________________
- ☐ ____________________
- ☐ ____________________
- ☐ ____________________
- ☐ ____________________

INTERNAL LINKS ____

____

____

EXTERNAL LINKS ____

____

____

____

____

AFFILIATES

STORE NAME ______________________ EARNINGS:__________

PRODUCT NAME ____

PRICE $ ______ # AVAIL ______ RE-CHECK PRODUCT AVAIL. ☐____ ☐____ ☐____ ☐____ ☐____

STORE NAME ______________________ EARNINGS:__________

PRODUCT NAME ____

PRICE $ ______ # AVAIL ______ RE-CHECK PRODUCT AVAIL. ☐____ ☐____ ☐____ ☐____ ☐____

STORE NAME ______________________ EARNINGS:__________

PRODUCT NAME ____

PRICE $ ______ # AVAIL ______ RE-CHECK PRODUCT AVAIL. ☐____ ☐____ ☐____ ☐____ ☐____

STORE NAME ______________________ EARNINGS:__________

PRODUCT NAME ____

PRICE $ ______ # AVAIL ______ RE-CHECK PRODUCT AVAIL. ☐____ ☐____ ☐____ ☐____ ☐____

©2023 Wildrose Media www.wildrose-media.com

--- BLOG LOG ---

BLOG TITLE:

SUBTITLE:

WRITTEN - BEGIN/END: __________ /__________ EDITED: __________ SCHEDULED ON: __________ LIVE ON: __________

CATEGORIES: ______________________________

____

TEMPLATE USED: ______________________________

SEO _____ % KEYWORDS - TAGS

- ☐ ______________
- ☐ ______________
- ☐ ______________
- ☐ ______________
- ☐ ______________
- ☐ ______________
- ☐ ______________
- ☐ ______________
- ☐ ______________
- ☐ ______________
- ☐ ______________

CHECKLIST

- ☐ TITLE/HEADER
- ☐ THUMBNAIL
- ☐ FREEBIES/DOWNLOADS
- ☐ INTERNAL IMAGES (# ____)
- ☐ TEST INTERNAL LINKS
- ☐ TEST EXTERNAL LINKS
- ☐ TEST AFFILIATE LINKS
- ☐ ______________
- ☐ ______________
- ☐ ______________
- ☐ ______________

SOCIAL MEDIA / SHARE

- ☐ FB DATE/TIME: ________ FB LIKES______ FB SHARES________
- ☐ IG DATE/TIME: ________ IG LIKES______ IG SHARES________
- ☐ PINTEREST DATE/TIME ______________
- ☐ ______________
- ☐ MENTION IN NEWSLETTER/EMAIL? Y/N DATE:__________
- ☐ SHARE/ INFLUENCER ______________
- ☐ ______________
- ☐ ______________
- ☐ ______________
- ☐ ______________
- ☐ ______________

INTERNAL LINKS ______________________________

____

____

EXTERNAL LINKS ______________________________

____

____

____

____

AFFILIATES

STORE NAME ______________________ EARNINGS:__________

PRODUCT NAME ______________________________

PRICE $ _______ # AVAIL _______ RE-CHECK PRODUCT AVAIL. ☐_____ ☐_____ ☐_____ ☐_____ ☐_____

STORE NAME ______________________ EARNINGS:__________

PRODUCT NAME ______________________________

PRICE $ _______ # AVAIL _______ RE-CHECK PRODUCT AVAIL. ☐_____ ☐_____ ☐_____ ☐_____ ☐_____

STORE NAME ______________________ EARNINGS:__________

PRODUCT NAME ______________________________

PRICE $ _______ # AVAIL _______ RE-CHECK PRODUCT AVAIL. ☐_____ ☐_____ ☐_____ ☐_____ ☐_____

STORE NAME ______________________ EARNINGS:__________

PRODUCT NAME ______________________________

PRICE $ _______ # AVAIL _______ RE-CHECK PRODUCT AVAIL. ☐_____ ☐_____ ☐_____ ☐_____ ☐_____

©2023 Wildrose Media www.wildrose-media.com

--- BLOG LOG ---

BLOG TITLE:

SUBTITLE:

WRITTEN - BEGIN/END: ___________ /___________ EDITED: ___________ SCHEDULED ON: ___________ LIVE ON: _________

CATEGORIES: ____

____

TEMPLATE USED: ____

SEO _____ % KEYWORDS - TAGS

- ☐ ______________________
- ☐ ______________________
- ☐ ______________________
- ☐ ______________________
- ☐ ______________________
- ☐ ______________________
- ☐ ______________________
- ☐ ______________________
- ☐ ______________________
- ☐ ______________________
- ☐ ______________________

CHECKLIST

- ☐ TITLE/HEADER
- ☐ THUMBNAIL
- ☐ FREEBIES/DOWNLOADS
- ☐ INTERNAL IMAGES (# ____)
- ☐ TEST INTERNAL LINKS
- ☐ TEST EXTERNAL LINKS
- ☐ TEST AFFILIATE LINKS
- ☐ ______________________
- ☐ ______________________
- ☐ ______________________
- ☐ ______________________

SOCIAL MEDIA / SHARE

- ☐ FB DATE/TIME: ________ FB LIKES______ FB SHARES________
- ☐ IG DATE/TIME: ________ IG LIKES______ IG SHARES________
- ☐ PINTEREST DATE/TIME ______________________________
- ☐ ______________________________
- ☐ MENTION IN NEWSLETTER/EMAIL? Y/ N DATE:____________
- ☐ SHARE/ INFLUENCER ______________________________
- ☐ ______________________________
- ☐ ______________________________
- ☐ ______________________________
- ☐ ______________________________
- ☐ ______________________________

INTERNAL LINKS ____

____

____

EXTERNAL LINKS ____

____

____

____

____

AFFILIATES

STORE NAME ______________________________ EARNINGS:________________

PRODUCT NAME ____

PRICE $ _______ # AVAIL _______ RE-CHECK PRODUCT AVAIL. ☐_____ ☐_____ ☐_____ ☐_____ ☐_____

STORE NAME ______________________________ EARNINGS:________________

PRODUCT NAME ____

PRICE $ _______ # AVAIL _______ RE-CHECK PRODUCT AVAIL. ☐_____ ☐_____ ☐_____ ☐_____ ☐_____

STORE NAME ______________________________ EARNINGS:________________

PRODUCT NAME ____

PRICE $ _______ # AVAIL _______ RE-CHECK PRODUCT AVAIL. ☐_____ ☐_____ ☐_____ ☐_____ ☐_____

STORE NAME ______________________________ EARNINGS:________________

PRODUCT NAME ____

PRICE $ _______ # AVAIL _______ RE-CHECK PRODUCT AVAIL. ☐_____ ☐_____ ☐_____ ☐_____ ☐_____

©2023 Wildrose Media www.wildrose-media.com

--- BLOG LOG ---

BLOG TITLE:

SUBTITLE:

WRITTEN - BEGIN/END: __________ / __________ EDITED: __________ SCHEDULED ON: __________ LIVE ON: __________

CATEGORIES: ______________________________

____

TEMPLATE USED: ______________________________

SEO _____ % KEYWORDS - TAGS

- ☐ ____________
- ☐ ____________
- ☐ ____________
- ☐ ____________
- ☐ ____________
- ☐ ____________
- ☐ ____________
- ☐ ____________
- ☐ ____________
- ☐ ____________
- ☐ ____________

CHECKLIST

- ☐ TITLE/HEADER
- ☐ THUMBNAIL
- ☐ FREEBIES/DOWNLOADS
- ☐ INTERNAL IMAGES (# ____)
- ☐ TEST INTERNAL LINKS
- ☐ TEST EXTERNAL LINKS
- ☐ TEST AFFILIATE LINKS
- ☐ ____________
- ☐ ____________
- ☐ ____________
- ☐ ____________

SOCIAL MEDIA / SHARE

- ☐ FB DATE/TIME: ________ FB LIKES ______ FB SHARES ________
- ☐ IG DATE/TIME: ________ IG LIKES ______ IG SHARES ________
- ☐ PINTEREST DATE/TIME ____________
- ☐ ____________
- ☐ MENTION IN NEWSLETTER/EMAIL? Y/ N DATE: ____________
- ☐ SHARE/ INFLUENCER ____________
- ☐ ____________
- ☐ ____________
- ☐ ____________
- ☐ ____________
- ☐ ____________

INTERNAL LINKS ______________________________

____

____

EXTERNAL LINKS ______________________________

____

____

____

____

AFFILIATES

STORE NAME ____________________ EARNINGS: __________

PRODUCT NAME ______________________________

PRICE $ ______ # AVAIL ______ RE-CHECK PRODUCT AVAIL. ☐____ ☐____ ☐____ ☐____ ☐____

STORE NAME ____________________ EARNINGS: __________

PRODUCT NAME ______________________________

PRICE $ ______ # AVAIL ______ RE-CHECK PRODUCT AVAIL. ☐____ ☐____ ☐____ ☐____ ☐____

STORE NAME ____________________ EARNINGS: __________

PRODUCT NAME ______________________________

PRICE $ ______ # AVAIL ______ RE-CHECK PRODUCT AVAIL. ☐____ ☐____ ☐____ ☐____ ☐____

STORE NAME ____________________ EARNINGS: __________

PRODUCT NAME ______________________________

PRICE $ ______ # AVAIL ______ RE-CHECK PRODUCT AVAIL. ☐____ ☐____ ☐____ ☐____ ☐____

©2023 Wildrose Media www.wildrose-media.com

--- BLOG LOG ---

BLOG TITLE:

SUBTITLE:

WRITTEN - BEGIN/END: __________ /__________ EDITED: __________ SCHEDULED ON: __________ LIVE ON: __________

CATEGORIES: ______________________________

____

TEMPLATE USED: ______________________________

SEO _____ % KEYWORDS - TAGS

☐ ______________________
☐ ______________________
☐ ______________________
☐ ______________________
☐ ______________________
☐ ______________________
☐ ______________________
☐ ______________________
☐ ______________________
☐ ______________________
☐ ______________________

CHECKLIST

☐ TITLE/HEADER
☐ THUMBNAIL
☐ FREEBIES/DOWNLOADS
☐ INTERNAL IMAGES (# ____)
☐ TEST INTERNAL LINKS
☐ TEST EXTERNAL LINKS
☐ TEST AFFILIATE LINKS
☐ ______________________
☐ ______________________
☐ ______________________
☐ ______________________

SOCIAL MEDIA / SHARE

☐ FB DATE/TIME: ________ FB LIKES______ FB SHARES________
☐ IG DATE/TIME: _________ IG LIKES_______ IG SHARES________
☐ PINTEREST DATE/TIME ______________________
☐ ______________________
☐ MENTION IN NEWSLETTER/EMAIL? Y/N DATE:____________
☐ SHARE/ INFLUENCER ______________________
☐ ______________________
☐ ______________________
☐ ______________________
☐ ______________________
☐ ______________________

INTERNAL LINKS ______________________________

____

____

EXTERNAL LINKS ______________________________

____

____

____

____

AFFILIATES

STORE NAME ______________________ EARNINGS:______________

PRODUCT NAME ______________________________

PRICE $ _______ # AVAIL _______ RE-CHECK PRODUCT AVAIL. ☐_____ ☐_____ ☐_____ ☐_____ ☐_____

STORE NAME ______________________ EARNINGS:______________

PRODUCT NAME ______________________________

PRICE $ _______ # AVAIL _______ RE-CHECK PRODUCT AVAIL. ☐_____ ☐_____ ☐_____ ☐_____ ☐_____

STORE NAME ______________________ EARNINGS:______________

PRODUCT NAME ______________________________

PRICE $ _______ # AVAIL _______ RE-CHECK PRODUCT AVAIL. ☐_____ ☐_____ ☐_____ ☐_____ ☐_____

STORE NAME ______________________ EARNINGS:______________

PRODUCT NAME ______________________________

PRICE $ _______ # AVAIL _______ RE-CHECK PRODUCT AVAIL. ☐_____ ☐_____ ☐_____ ☐_____ ☐_____

©2023 Wildrose Media www.wildrose-media.com

--- BLOG LOG ---

BLOG TITLE:

SUBTITLE:

WRITTEN - BEGIN/END: __________ /__________ EDITED: __________ SCHEDULED ON: __________ LIVE ON: __________

CATEGORIES: ______________________________

____

TEMPLATE USED: ______________________________

SEO _____ % KEYWORDS - TAGS	CHECKLIST	SOCIAL MEDIA / SHARE
☐ __________	☐ TITLE/HEADER	☐ FB DATE/TIME: ______ FB LIKES______ FB SHARES______
☐ __________	☐ THUMBNAIL	☐ IG DATE/TIME: ______ IG LIKES______ IG SHARES______
☐ __________	☐ FREEBIES/DOWNLOADS	☐ PINTEREST DATE/TIME __________
☐ __________	☐ INTERNAL IMAGES (# ____)	☐ __________
☐ __________	☐ TEST INTERNAL LINKS	☐ MENTION IN NEWSLETTER/EMAIL? Y/ N DATE:__________
☐ __________	☐ TEST EXTERNAL LINKS	☐ SHARE/ INFLUENCER __________
☐ __________	☐ TEST AFFILIATE LINKS	☐ __________
☐ __________	☐ __________	☐ __________
☐ __________	☐ __________	☐ __________
☐ __________	☐ __________	☐ __________
☐ __________	☐ __________	☐ __________

INTERNAL LINKS ______________________________

____

____

EXTERNAL LINKS ______________________________

____

____

____

____

AFFILIATES

STORE NAME ______________________________ EARNINGS:__________

PRODUCT NAME ______________________________

PRICE $ ______ # AVAIL ______ RE-CHECK PRODUCT AVAIL. ☐____ ☐____ ☐____ ☐____ ☐____

STORE NAME ______________________________ EARNINGS:__________

PRODUCT NAME ______________________________

PRICE $ ______ # AVAIL ______ RE-CHECK PRODUCT AVAIL. ☐____ ☐____ ☐____ ☐____ ☐____

STORE NAME ______________________________ EARNINGS:__________

PRODUCT NAME ______________________________

PRICE $ ______ # AVAIL ______ RE-CHECK PRODUCT AVAIL. ☐____ ☐____ ☐____ ☐____ ☐____

STORE NAME ______________________________ EARNINGS:__________

PRODUCT NAME ______________________________

PRICE $ ______ # AVAIL ______ RE-CHECK PRODUCT AVAIL. ☐____ ☐____ ☐____ ☐____ ☐____

©2023 Wildrose Media www.wildrose-media.com

--- BLOG LOG ---

BLOG TITLE:

SUBTITLE:

WRITTEN - BEGIN/END: __________ / __________ EDITED: __________ SCHEDULED ON: __________ LIVE ON: __________

CATEGORIES: ____

____

TEMPLATE USED: ____

SEO _____ % KEYWORDS - TAGS

- ☐ ______________________
- ☐ ______________________
- ☐ ______________________
- ☐ ______________________
- ☐ ______________________
- ☐ ______________________
- ☐ ______________________
- ☐ ______________________
- ☐ ______________________
- ☐ ______________________
- ☐ ______________________

CHECKLIST

- ☐ TITLE/HEADER
- ☐ THUMBNAIL
- ☐ FREEBIES/DOWNLOADS
- ☐ INTERNAL IMAGES (# ____)
- ☐ TEST INTERNAL LINKS
- ☐ TEST EXTERNAL LINKS
- ☐ TEST AFFILIATE LINKS
- ☐ ______________________
- ☐ ______________________
- ☐ ______________________
- ☐ ______________________

SOCIAL MEDIA / SHARE

- ☐ FB DATE/TIME: ________ FB LIKES ______ FB SHARES ________
- ☐ IG DATE/TIME: ________ IG LIKES ______ IG SHARES ________
- ☐ PINTEREST DATE/TIME ______________________
- ☐ ______________________
- ☐ MENTION IN NEWSLETTER/EMAIL? Y/N DATE: __________
- ☐ SHARE/ INFLUENCER ______________________
- ☐ ______________________
- ☐ ______________________
- ☐ ______________________
- ☐ ______________________
- ☐ ______________________

INTERNAL LINKS ____

____

____

EXTERNAL LINKS ____

____

____

____

____

AFFILIATES

STORE NAME ______________________ EARNINGS: __________

PRODUCT NAME ____

PRICE $ ______ # AVAIL ______ RE-CHECK PRODUCT AVAIL. ☐____ ☐____ ☐____ ☐____ ☐____

STORE NAME ______________________ EARNINGS: __________

PRODUCT NAME ____

PRICE $ ______ # AVAIL ______ RE-CHECK PRODUCT AVAIL. ☐____ ☐____ ☐____ ☐____ ☐____

STORE NAME ______________________ EARNINGS: __________

PRODUCT NAME ____

PRICE $ ______ # AVAIL ______ RE-CHECK PRODUCT AVAIL. ☐____ ☐____ ☐____ ☐____ ☐____

STORE NAME ______________________ EARNINGS: __________

PRODUCT NAME ____

PRICE $ ______ # AVAIL ______ RE-CHECK PRODUCT AVAIL. ☐____ ☐____ ☐____ ☐____ ☐____

©2023 Wildrose Media www.wildrose-media.com

--- BLOG LOG ---

BLOG TITLE:

SUBTITLE:

WRITTEN - BEGIN/END: ___________ /___________ EDITED: ___________ SCHEDULED ON: ___________ LIVE ON: ___________

CATEGORIES: ___________

TEMPLATE USED: ___________

SEO _____ % KEYWORDS - TAGS	CHECKLIST	SOCIAL MEDIA / SHARE
☐ ___________	☐ TITLE/HEADER	☐ FB DATE/TIME: ________ FB LIKES______ FB SHARES________
☐ ___________	☐ THUMBNAIL	☐ IG DATE/TIME: ________ IG LIKES______ IG SHARES________
☐ ___________	☐ FREEBIES/DOWNLOADS	☐ PINTEREST DATE/TIME ___________
☐ ___________	☐ INTERNAL IMAGES (# ____)	☐ ___________
☐ ___________	☐ TEST INTERNAL LINKS	☐ MENTION IN NEWSLETTER/EMAIL? Y/ N DATE:___________
☐ ___________	☐ TEST EXTERNAL LINKS	☐ SHARE/ INFLUENCER ___________
☐ ___________	☐ TEST AFFILIATE LINKS	☐ ___________
☐ ___________	☐ ___________	☐ ___________
☐ ___________	☐ ___________	☐ ___________
☐ ___________	☐ ___________	☐ ___________
☐ ___________	☐ ___________	☐ ___________

INTERNAL LINKS ___________

EXTERNAL LINKS ___________

AFFILIATES

STORE NAME ___________ EARNINGS:___________
PRODUCT NAME ___________
PRICE $ ______ # AVAIL ______ RE-CHECK PRODUCT AVAIL. ☐____ ☐____ ☐____ ☐____ ☐____

STORE NAME ___________ EARNINGS:___________
PRODUCT NAME ___________
PRICE $ ______ # AVAIL ______ RE-CHECK PRODUCT AVAIL. ☐____ ☐____ ☐____ ☐____ ☐____

STORE NAME ___________ EARNINGS:___________
PRODUCT NAME ___________
PRICE $ ______ # AVAIL ______ RE-CHECK PRODUCT AVAIL. ☐____ ☐____ ☐____ ☐____ ☐____

STORE NAME ___________ EARNINGS:___________
PRODUCT NAME ___________
PRICE $ ______ # AVAIL ______ RE-CHECK PRODUCT AVAIL. ☐____ ☐____ ☐____ ☐____ ☐____

©2023 Wildrose Media www.wildrose-media.com

--- BLOG LOG ---

BLOG TITLE:

SUBTITLE:

WRITTEN - BEGIN/END: __________ /__________ EDITED: __________ SCHEDULED ON: __________ LIVE ON: __________

CATEGORIES: ____

____

TEMPLATE USED: ____

SEO _____ % KEYWORDS - TAGS

☐ ____________________
☐ ____________________
☐ ____________________
☐ ____________________
☐ ____________________
☐ ____________________
☐ ____________________
☐ ____________________
☐ ____________________
☐ ____________________
☐ ____________________

CHECKLIST

☐ TITLE/HEADER
☐ THUMBNAIL
☐ FREEBIES/DOWNLOADS
☐ INTERNAL IMAGES (# ____)
☐ TEST INTERNAL LINKS
☐ TEST EXTERNAL LINKS
☐ TEST AFFILIATE LINKS
☐ ____________________
☐ ____________________
☐ ____________________
☐ ____________________

SOCIAL MEDIA / SHARE

☐ FB DATE/TIME: ________ FB LIKES______ FB SHARES________
☐ IG DATE/TIME: ________ IG LIKES______ IG SHARES________
☐ PINTEREST DATE/TIME ____________________
☐ ____________________
☐ MENTION IN NEWSLETTER/EMAIL? Y/ N DATE:____________
☐ SHARE/ INFLUENCER ____________________
☐ ____________________
☐ ____________________
☐ ____________________
☐ ____________________
☐ ____________________

INTERNAL LINKS ____

____

____

EXTERNAL LINKS ____

____

____

____

____

AFFILIATES

STORE NAME ______________________ EARNINGS:__________

PRODUCT NAME ______________________________

PRICE $ _______ # AVAIL _______ RE-CHECK PRODUCT AVAIL. ☐_____ ☐_____ ☐_____ ☐_____ ☐_____

STORE NAME ______________________ EARNINGS:__________

PRODUCT NAME ______________________________

PRICE $ _______ # AVAIL _______ RE-CHECK PRODUCT AVAIL. ☐_____ ☐_____ ☐_____ ☐_____ ☐_____

STORE NAME ______________________ EARNINGS:__________

PRODUCT NAME ______________________________

PRICE $ _______ # AVAIL _______ RE-CHECK PRODUCT AVAIL. ☐_____ ☐_____ ☐_____ ☐_____ ☐_____

STORE NAME ______________________ EARNINGS:__________

PRODUCT NAME ______________________________

PRICE $ _______ # AVAIL _______ RE-CHECK PRODUCT AVAIL. ☐_____ ☐_____ ☐_____ ☐_____ ☐_____

©2023 Wildrose Media www.wildrose-media.com

--- BLOG LOG ---

BLOG TITLE:

SUBTITLE:

WRITTEN - BEGIN/END: __________ /__________ EDITED: __________ SCHEDULED ON: __________ LIVE ON: __________

CATEGORIES: ______________________________

____

TEMPLATE USED: ______________________________

SEO _____ % KEYWORDS - TAGS

- ☐ __________
- ☐ __________
- ☐ __________
- ☐ __________
- ☐ __________
- ☐ __________
- ☐ __________
- ☐ __________
- ☐ __________
- ☐ __________
- ☐ __________

CHECKLIST

- ☐ TITLE/HEADER
- ☐ THUMBNAIL
- ☐ FREEBIES/DOWNLOADS
- ☐ INTERNAL IMAGES (# ____)
- ☐ TEST INTERNAL LINKS
- ☐ TEST EXTERNAL LINKS
- ☐ TEST AFFILIATE LINKS
- ☐ __________
- ☐ __________
- ☐ __________
- ☐ __________

SOCIAL MEDIA / SHARE

- ☐ FB DATE/TIME: ________ FB LIKES______ FB SHARES________
- ☐ IG DATE/TIME: ________ IG LIKES______ IG SHARES________
- ☐ PINTEREST DATE/TIME __________
- ☐ __________
- ☐ MENTION IN NEWSLETTER/EMAIL? Y/N DATE:__________
- ☐ SHARE/ INFLUENCER __________
- ☐ __________
- ☐ __________
- ☐ __________
- ☐ __________
- ☐ __________

INTERNAL LINKS ______________________________

EXTERNAL LINKS ______________________________

AFFILIATES

STORE NAME ______________________ EARNINGS:__________

PRODUCT NAME ______________________

PRICE $ ______ # AVAIL ______ RE-CHECK PRODUCT AVAIL. ☐____ ☐____ ☐____ ☐____ ☐____

STORE NAME ______________________ EARNINGS:__________

PRODUCT NAME ______________________

PRICE $ ______ # AVAIL ______ RE-CHECK PRODUCT AVAIL. ☐____ ☐____ ☐____ ☐____ ☐____

STORE NAME ______________________ EARNINGS:__________

PRODUCT NAME ______________________

PRICE $ ______ # AVAIL ______ RE-CHECK PRODUCT AVAIL. ☐____ ☐____ ☐____ ☐____ ☐____

STORE NAME ______________________ EARNINGS:__________

PRODUCT NAME ______________________

PRICE $ ______ # AVAIL ______ RE-CHECK PRODUCT AVAIL. ☐____ ☐____ ☐____ ☐____ ☐____

©2023 Wildrose Media www.wildrose-media.com

--- BLOG LOG ---

BLOG TITLE:

SUBTITLE:

WRITTEN - BEGIN/END: __________ /__________ EDITED: __________ SCHEDULED ON: __________ LIVE ON: __________

CATEGORIES: ____

____

TEMPLATE USED: ____

SEO _____ % KEYWORDS - TAGS

☐ ____________________
☐ ____________________
☐ ____________________
☐ ____________________
☐ ____________________
☐ ____________________
☐ ____________________
☐ ____________________
☐ ____________________
☐ ____________________
☐ ____________________

CHECKLIST

☐ TITLE/HEADER
☐ THUMBNAIL
☐ FREEBIES/DOWNLOADS
☐ INTERNAL IMAGES (# ____)
☐ TEST INTERNAL LINKS
☐ TEST EXTERNAL LINKS
☐ TEST AFFILIATE LINKS
☐ ____________________
☐ ____________________
☐ ____________________
☐ ____________________

SOCIAL MEDIA / SHARE

☐ FB DATE/TIME: ________ FB LIKES______ FB SHARES________
☐ IG DATE/TIME: ________ IG LIKES______ IG SHARES________
☐ PINTEREST DATE/TIME ____________________
☐ ____________________
☐ MENTION IN NEWSLETTER/EMAIL? Y/ N DATE:____________
☐ SHARE/ INFLUENCER ____________________
☐ ____________________
☐ ____________________
☐ ____________________
☐ ____________________
☐ ____________________

INTERNAL LINKS ____

____

____

EXTERNAL LINKS ____

____

____

____

____

AFFILIATES

STORE NAME ______________________ EARNINGS:______________

PRODUCT NAME ____

PRICE $ _______ # AVAIL _______ RE-CHECK PRODUCT AVAIL. ☐_____ ☐_____ ☐_____ ☐_____ ☐_____

STORE NAME ______________________ EARNINGS:______________

PRODUCT NAME ____

PRICE $ _______ # AVAIL _______ RE-CHECK PRODUCT AVAIL. ☐_____ ☐_____ ☐_____ ☐_____ ☐_____

STORE NAME ______________________ EARNINGS:______________

PRODUCT NAME ____

PRICE $ _______ # AVAIL _______ RE-CHECK PRODUCT AVAIL. ☐_____ ☐_____ ☐_____ ☐_____ ☐_____

STORE NAME ______________________ EARNINGS:______________

PRODUCT NAME ____

PRICE $ _______ # AVAIL _______ RE-CHECK PRODUCT AVAIL. ☐_____ ☐_____ ☐_____ ☐_____ ☐_____

©2023 Wildrose Media www.wildrose-media.com

--- BLOG LOG ---

BLOG TITLE:

SUBTITLE:

WRITTEN - BEGIN/END: __________ /__________ EDITED: __________ SCHEDULED ON: __________ LIVE ON: __________

CATEGORIES: ____________________

____

TEMPLATE USED: ____________________

SEO _____ % KEYWORDS - TAGS	CHECKLIST	SOCIAL MEDIA / SHARE
☐ ________	☐ TITLE/HEADER	☐ FB DATE/TIME: ______ FB LIKES______ FB SHARES______
☐ ________	☐ THUMBNAIL	☐ IG DATE/TIME: ______ IG LIKES______ IG SHARES______
☐ ________	☐ FREEBIES/DOWNLOADS	☐ PINTEREST DATE/TIME ________
☐ ________	☐ INTERNAL IMAGES (# ____)	☐ ________
☐ ________	☐ TEST INTERNAL LINKS	☐ MENTION IN NEWSLETTER/EMAIL? Y/ N DATE:________
☐ ________	☐ TEST EXTERNAL LINKS	☐ SHARE/ INFLUENCER ________
☐ ________	☐ TEST AFFILIATE LINKS	☐ ________
☐ ________	☐ ________	☐ ________
☐ ________	☐ ________	☐ ________
☐ ________	☐ ________	☐ ________
☐ ________	☐ ________	☐ ________

INTERNAL LINKS ____________________

____

____

EXTERNAL LINKS ____________________

____

____

____

____

AFFILIATES

STORE NAME ____________________ EARNINGS:__________

PRODUCT NAME ____________________

PRICE $ ______ # AVAIL ______ RE-CHECK PRODUCT AVAIL. ☐____ ☐____ ☐____ ☐____ ☐____

STORE NAME ____________________ EARNINGS:__________

PRODUCT NAME ____________________

PRICE $ ______ # AVAIL ______ RE-CHECK PRODUCT AVAIL. ☐____ ☐____ ☐____ ☐____ ☐____

STORE NAME ____________________ EARNINGS:__________

PRODUCT NAME ____________________

PRICE $ ______ # AVAIL ______ RE-CHECK PRODUCT AVAIL. ☐____ ☐____ ☐____ ☐____ ☐____

STORE NAME ____________________ EARNINGS:__________

PRODUCT NAME ____________________

PRICE $ ______ # AVAIL ______ RE-CHECK PRODUCT AVAIL. ☐____ ☐____ ☐____ ☐____ ☐____

©2023 Wildrose Media www.wildrose-media.com

--- BLOG LOG ---

BLOG TITLE:

SUBTITLE:

WRITTEN - BEGIN/END: __________ /__________ EDITED: __________ SCHEDULED ON: __________ LIVE ON: __________

CATEGORIES: ____

____

TEMPLATE USED: ____

SEO _____ % KEYWORDS - TAGS

- ☐ ____________________
- ☐ ____________________
- ☐ ____________________
- ☐ ____________________
- ☐ ____________________
- ☐ ____________________
- ☐ ____________________
- ☐ ____________________
- ☐ ____________________
- ☐ ____________________
- ☐ ____________________

CHECKLIST

- ☐ TITLE/HEADER
- ☐ THUMBNAIL
- ☐ FREEBIES/DOWNLOADS
- ☐ INTERNAL IMAGES (# ____)
- ☐ TEST INTERNAL LINKS
- ☐ TEST EXTERNAL LINKS
- ☐ TEST AFFILIATE LINKS
- ☐ ____________________
- ☐ ____________________
- ☐ ____________________
- ☐ ____________________

SOCIAL MEDIA / SHARE

- ☐ FB DATE/TIME: ________ FB LIKES______ FB SHARES________
- ☐ IG DATE/TIME: ________ IG LIKES______ IG SHARES________
- ☐ PINTEREST DATE/TIME ____________________
- ☐ ____________________
- ☐ MENTION IN NEWSLETTER/EMAIL? Y/ N DATE:__________
- ☐ SHARE/ INFLUENCER ____________________
- ☐ ____________________
- ☐ ____________________
- ☐ ____________________
- ☐ ____________________
- ☐ ____________________

INTERNAL LINKS ____

____

____

EXTERNAL LINKS ____

____

____

____

____

AFFILIATES

STORE NAME ______________________ EARNINGS:__________

PRODUCT NAME ______________________________

PRICE $ ______ # AVAIL ______ RE-CHECK PRODUCT AVAIL. ☐____ ☐____ ☐____ ☐____ ☐____

STORE NAME ______________________ EARNINGS:__________

PRODUCT NAME ______________________________

PRICE $ ______ # AVAIL ______ RE-CHECK PRODUCT AVAIL. ☐____ ☐____ ☐____ ☐____ ☐____

STORE NAME ______________________ EARNINGS:__________

PRODUCT NAME ______________________________

PRICE $ ______ # AVAIL ______ RE-CHECK PRODUCT AVAIL. ☐____ ☐____ ☐____ ☐____ ☐____

STORE NAME ______________________ EARNINGS:__________

PRODUCT NAME ______________________________

PRICE $ ______ # AVAIL ______ RE-CHECK PRODUCT AVAIL. ☐____ ☐____ ☐____ ☐____ ☐____

©2023 Wildrose Media www.wildrose-media.com

--- BLOG LOG ---

BLOG TITLE:

SUBTITLE:

WRITTEN - BEGIN/END: __________ /__________ EDITED: __________ SCHEDULED ON: __________ LIVE ON: __________

CATEGORIES: ______________________________

____

TEMPLATE USED: ______________________________

SEO _____ % KEYWORDS - TAGS

- ☐ ______________
- ☐ ______________
- ☐ ______________
- ☐ ______________
- ☐ ______________
- ☐ ______________
- ☐ ______________
- ☐ ______________
- ☐ ______________
- ☐ ______________
- ☐ ______________

CHECKLIST

- ☐ TITLE/HEADER
- ☐ THUMBNAIL
- ☐ FREEBIES/DOWNLOADS
- ☐ INTERNAL IMAGES (# ____)
- ☐ TEST INTERNAL LINKS
- ☐ TEST EXTERNAL LINKS
- ☐ TEST AFFILIATE LINKS
- ☐ ______________
- ☐ ______________
- ☐ ______________
- ☐ ______________

SOCIAL MEDIA / SHARE

- ☐ FB DATE/TIME: ________ FB LIKES______ FB SHARES________
- ☐ IG DATE/TIME: ________ IG LIKES______ IG SHARES________
- ☐ PINTEREST DATE/TIME ______________
- ☐ ______________
- ☐ MENTION IN NEWSLETTER/EMAIL? Y/ N DATE:__________
- ☐ SHARE/ INFLUENCER ______________
- ☐ ______________
- ☐ ______________
- ☐ ______________
- ☐ ______________
- ☐ ______________

INTERNAL LINKS ______________________________

____

____

EXTERNAL LINKS ______________________________

____

____

____

____

AFFILIATES

STORE NAME ______________________ EARNINGS:__________

PRODUCT NAME ______________________________

PRICE $ ______ # AVAIL ______ RE-CHECK PRODUCT AVAIL. ☐____ ☐____ ☐____ ☐____ ☐____

STORE NAME ______________________ EARNINGS:__________

PRODUCT NAME ______________________________

PRICE $ ______ # AVAIL ______ RE-CHECK PRODUCT AVAIL. ☐____ ☐____ ☐____ ☐____ ☐____

STORE NAME ______________________ EARNINGS:__________

PRODUCT NAME ______________________________

PRICE $ ______ # AVAIL ______ RE-CHECK PRODUCT AVAIL. ☐____ ☐____ ☐____ ☐____ ☐____

STORE NAME ______________________ EARNINGS:__________

PRODUCT NAME ______________________________

PRICE $ ______ # AVAIL ______ RE-CHECK PRODUCT AVAIL. ☐____ ☐____ ☐____ ☐____ ☐____

©2023 Wildrose Media www.wildrose-media.com

Wildrose Media website
Home Page

Faith Family Fun Blog

Wildrose Media website
Shop Page

Additional books from Wildrose Media, available on Amazon:

Sermon Notebook
Kids Ages 9-12 years
Cross cover

Sermon Notebook
Kids Ages 6-8 years
Bunny cover

The Birth of Jesus
Coloring Book

The Story of Easter
Coloring Book
Blue cover

Bible Teaching Sheets
Old Testament - KJV

Bible Teaching Sheets
New Testament - KJV

Friendship and Freedom
Story of the Statue of Liberty

100 Questions to Ask Myself
Vol.1 - pink cover

Ultimate Fishing Journal
for Kids Vol. 1

Ultimate Fishing Journal
for Girls - pink cover

Headache Diary, 5"x 6"
Symptom Notebook

Dutch Boy & Girl
Small Notebook 5"x6"

The above book QR codes are Amazon Affiliate links,
I may receive compensation from purchases made using these links,
at no additional cost to you.

Wildrose Media

www.wildrose-media.com

Made in the USA
Monee, IL
08 November 2026

67946335R00072